Los espejuelos de Lennon

Dolores Soler-Espiauba
Los espejuelos de Lennon

Serie América Latina

Diseño de cubierta: Eduard Sancho
Diseño de interior: Óscar García Ortega
Fotografía de cubierta: imagesef / Fotolia
Ilustraciones interiores: Ina Fiebig

Redacción y coordinación: Roberto Castón
Locución: Bryan Álvarez

ISBN: 978-84-16057-28-3
Depósito Legal: B-06074-2014
Reimpresión: diciembre 2019
Impreso en España por Liber Digital

difusión

Centro de
Investigación y
Publicaciones
de Idiomas, S. L.

C/ Trafalgar, 10, entlo. 1ª
08010 Barcelona – España
Tel.: (+34) 932 680 300
Fax: (+34) 933 103 340
editorial@difusion.com

www.difusion.com

Capítulo 1

Xavi y Humberto caminan de la mano atravesando el parque. Son las siete y media de la mañana y muchos niños con mochilas a la espalda van a la escuela con sus papás o abuelos. Visten el uniforme color rojo vino de la primaria, las niñas con falda y los niños con pantalón.

Xavi señala el banco con un dedo y le pregunta a su abuelo:

−¿Quién es ese?

−Es John Lennon. Un cantante inglés.

−¿Está vivo?

−No, mi amor... Ya no vive. Está aquí, porque era famoso.

−¿Famoso por qué?

−Porque cantaba muy bien.

−¿Y era miope[1] como mi mami?

−Claro. ¿No ves los espejuelos que lleva? Vamos, Xavi, que se hace tarde.

−Son lindos los espejuelos de Lennon. Son redondos. ¡Qué lindos!

Siguen caminando hacia la escuela de Xavi, al otro lado del parque, en el Vedado. En la puerta, Humberto le da un beso a su nieto.

−Toma, el pancito para la merienda. Te lo comes todito.

−Abuelo, no quiero ir hoy a la escuela. Me quedo contigo en el parque, en el banco de Lennon.

–¿Qué tú dices, muchacho? Tú tienes que aprender. Ni una palabrita más.

Una maestra joven y muy linda toma a Xavi de la mano y se lo lleva adentro. Todos los niños, los pioneros[2], están ya formados en el patio. Xavi deja su mochila en el suelo y se coloca en el grupo. Uno de los niños grita:

–¡Buenos díaaaaaas!

Y los demás responden:

–¡Buenos díaaaaaas!

–¡Firmes!

Y todos, como soldaditos, se cuadran[3], con la mirada al frente.

–¡Preparados para saludar a la bandera!

Avanzan tres niñas llevando la bandera.

–¡Saluden!

Y todos, niños y niñas, muy serios, levantan el brazo derecho, tocando la frente con sus dedos extendidos. Y empiezan a cantar el himno nacional cubano:

Al combate corred, bayameses,
que la patria os contempla, orgullosa,
no temáis una muerte gloriosa,
que morir por la patria es vivir...

El abuelo Humberto se aleja murmurando:

–*El combate, la patria, la muerte gloriosa...* Mejor los columpios.

Capítulo 2

Una semana más tarde, Humberto y Xavi caminan de nuevo por el parque. Son las nueve y media y ya no hay niños camino de la escuela. Xavi salta muy contento delante del abuelo, pero Humberto parece preocupado.

—Ay, *m'hijo*[4], si se enteran... ¿Qué va a decir tu mamá, si se entera?

—Que no se entera, abuelo, no se entera. Antes de las cinco estamos en casa.

—Apúrate, abuelito, que los columpios están lejos.

Humberto no puede correr, porque está viejito, y sigue con dificultad a su nieto. Pero mucho antes de llegar a los columpios, ven un grupo con mucha gente bajo los flamboyanes[5] del parque Lennon.

—¡Xavi, Xavi, espera! ¡Espérame, demonio de chico!

La sirena de un carro de policía cubre la voz del abuelo, pero ya regresa Xavi corriendo:

—¡Abuelo, abuelo! ¡Se los robaron!

—¿Qué cosa se robaron?

—¡Los espejuelos, los espejuelos de Lennon! ¡Ya no los tiene, abuelito!

—¿Qué tú dices?

Se abren camino entre las personas que miran al cantante de bronce, y al fin lo ven, sentado en su banco con las piernas cruzadas, con un brazo sobre el respaldo, y su mirada de miope más triste que nunca, sin espejuelos.

Un jardinero que está regando las flores dice:

–¡Es un escándalo, ya es la quinta vez!

–Seguro que fueron los *hooligans*[6] –grita una señora gorda con su jaba[7] llena de vianda[8] en la mano.

–No, seguro que fueron los contrarrevolucionarios[9] –afirma un guarda-parques.

El abuelo sonríe y exclama con su linda voz grave:

–Hace 40 años nos llamaron contrarrevolucionarios por cantar las canciones de los Beatles. Y ahora, *Imagine*[10] se estudia en las escuelas de Secundaria.

Se hace un gran silencio y todos lo miran. Xavi tira de la mano al abuelo y se lo lleva a los columpios, muy serio.

–Abuelo, ya tú sabes que mami te dijo...

–Soy demasiado viejo, Xavi. Ahora puedo decir muchas cosas que no podía decir antes. Mira, allá viene mi compadre Olegario.

Humberto empuja el columpio del niño que sube cada vez más alto.

–¿Pero este *chama*[11] no va hoy a la escuela, son vacaciones?

–¡Chiiissst! –Humberto se lleva un dedo a los labios.– ¡Secreto de Estado!

Olegario mueve la cabeza.

–Uy, uy, uy... Este viejo loco acabará mal.

Y saca del bolsillo de su guayabera[12] un tabaco para Humberto y otro para él. Se sientan y empiezan a fumar.

–¿Sabes que buscan un cuidador?

–¿Un cuidador de qué?

–De qué va a ser, compañero, pues de los espejuelos del Lennon. De día y de noche.

—¿Y tú no te presentas, compadre?

—¿Yo? Yo veo todavía menos que él. Me operan de cataratas en un mes.

—Lo siento, asere[13].

—Bah, no es nada grave. Hay cosas peores en la vida y los médicos cubanos son los mejores ¿Y ustedes adónde van ahora?

—A comer cualquier cosita con el nieto. ¿Vienes? Conozco un lugarcito barato con comida sana para el chico.

La mujer que dirige el lugarcito[14] es una joven mulata que pregunta mirando a Xavi:

—¿Y la escuela?

Chavi se ríe. El abuelo se pone rojo.

—El niño está un poquito enfermo, nada grave, pero... Puede comer, puede comer. No hay problema.

—¡Dulce de guayaba para mí! —grita Xavi muy contento.

—Despacito, *m'hijo*, primero los mayores. Más respeto.

—¿Qué van a comer, compañeros? —pregunta la mulata.

—Yo, un picadillo con moros y cristianos[15] —responde Olegario.

—Y otro para mí, con arroz blanco.

—O.K., compañeros. ¿Y qué van a tomar?

—Para el muchachito un refresco. Para mi compadre y para mí dos cafés, por favor.

Una hora después, se despiden de Olegario y, contentos y con el estómago lleno, entran en casa. Lorena, la mamá de Xavi, llega del trabajo en ese momento:

—¿Qué tal en la escuela? —pregunta, abrazándolo.

Xavi y Humberto se miran rápidamente.

—¡Chévere[16], mami!

Capítulo 3

Es domingo. Hoy Xavi no lleva su uniforme escolar. Su mamá lo lleva al parque Lennon para jugar con otros niños, porque Xavi no tiene hermanos, es hijo único y a veces se aburre un poco solito en casa. El abuelo, su gran amigo, ha encontrado trabajo para los domingos y festivos, y hace unos días que no lo ve.

La mamá de Xavi se llama Lorena. Es alta y delgada, tiene el pelo negro y muy rizado y unos ojos verdes muy lindos, pero lleva espejuelos, porque es miope. Está divorciada y vive sola con Xavi, Xavi ve a su papá una semana sí y otra no, y también parte de las vacaciones. Lorena es economista y trabaja en una cadena de supermercados del Estado que se llama Caracol, es directora del Departamento de Tabacos, los famosos cigarros puros, como les llaman los españoles, que se exportan al mundo entero.

El papá de Xavi se llama Danilo y es ingeniero. Se casó por segunda vez con una enfermera y ahora tienen una niñita de meses que se llama Yamilé. Danilo está contento, porque compró un viejo Cadillac azul de los años 50, muy viejo, pero precioso, a un compañero de su fábrica. Compró algunas piezas nuevas en la bolsa negra[17] para ponerlo a funcionar, y ahora trabaja también los domingos como botero[18], transportando turistas en su automóvil desde el aeropuerto. Los salarios estatales son tan bajos en Cuba que no se puede vivir solamente de ellos. Por eso, la frase preferida de muchos cubanos cuando hablan de su vida cotidiana es: "No es fácil."

El parque está lleno de niños con pelotas y chiringas[19], de padres y madres que charlan con amigos y vecinos, de heladeros, de vendedores de maní molido[20], hay también algún turista con bermudas, chanclas y cámara de fotos, algún vendedor del diario *Granma*[21] y algunos viejitos, muy, muy viejos, sentados en los bancos.

Pero hoy todos los columpios y los juegos infantiles están ocupados y Xavi no tiene ganas de pelear por ellos. Su mamá está hablando con una colega de trabajo que ha encontrado en el parque, y el niño se sienta en un banco donde está también una niña de su edad leyendo un libro. La niña es pelirroja y va peinada con trenzas. Va muy bien vestida, con unos jeans de marca, unas zapatillas de deporte americanas, una chompa[22] roja de último modelo y unos aretes azules, chiquiticos, en las orejas, a juego con sus ojos. Está tan interesada en su lectura que no mira a nadie. Xavi intenta leer el título del libro, pero en la portada solo ve el dibujo de un niño moreno, con una cabeza muy grande, flequillo negro sobre la frente y unos enormes espejuelos de miope que ocupan la mitad de su cara.

—¿Qué tú lees? —se atreve a preguntar.

La niña levanta los ojos del libro y lo mira como a un extraterrestre. Después de un silencio, contesta:

—*Manolito Gafotas*[23]. ¿No lo conoces?

—No... para nada. Bueno, es que todavía estoy aprendiendo a leer, ¿sabes? Voy a cumplir siete años.

—Manolito Gafotas es un niño que lleva gafas porque es miope, igual que Lennon.

–Igual que mi mamá –dice Xavi.

–¿Y vosotros no leéis en el colegio este libro? En España es muy famoso.

Ahora es Xavi el que la mira como a una extraterrestre.

–¿"Vosotros"[24], qué es eso?

La niña se ríe.

–Los españoles decimos "vosotros" y los cubanos decís "ustedes".

–¿Y cómo tú sabes?

–Me lo ha dicho mi mamá. Aquella que está allá –y señala a una joven, pelirroja como ella, que está charlando con otros yumas[25].

–¡Aaaaah! ¿Tú eres española?

–Sí. Por eso hablo diferente.

–¡Aaaaaah! ¿Y qué años tú tienes?

–Ocho y medio. Cumplo nueve en junio.

–¡Aaaaaah! ¿Y dónde tú vives?

–En Valencia. Valencia está en España. ¿Y tú cómo te llamas?

–Xavi, me llamo Xavi.

–¿Es un nombre cubano?

–No, es un nombre de... bueno, del fútbol, porque a mi papá le gusta el *Barça*[26], y hay un Xavi en el *Barça*.

–¡Anda! Ya sé quién es, lo he visto en la *tele*[27]. Pero nunca se lo digas a mi padre, que es del Real Madrid.

Y se ríen los dos otra vez.

–¿Y cómo tú te llamas?

–Michelle[28].

–¿Es un nombre español?

–No. Es el nombre de una canción de los Beatles. A mi madre le encantan.

—Pues yo conozco a Lennon. Está sentado en un banco de este parque.

La niña lo mira de nuevo como si fuera un extraterrestre.

—¿Qué dices? ¿Que está sentado aquí? ¡Pero si está muerto!

En ese momento se oye la voz de Lorena que grita:

—¡Apúrate, Xavi, nos vamos!

—Me tengo que ir, Michelle ¿vas a venir más domingos?

—Huy, no. Nos volvemos a España mañana.

—¿En guagua[29]?

—No, hombre, en avión. Está muy lejos, al otro lado del mar.

—¡Aaaaah! Bueno, pues... adiós, Michelle.

Y se va.

Entonces, Michelle se baja del banco y corre hacia él.

—¡Toma, Xavi, te lo regalo!

Y le da el libro *Manolito Gafotas*.

Capítulo 4

Seis meses después.

Xavi y su mamá miran a la pareja desde lejos. Está oscureciendo y no se sabe bien quién es uno y quién es otro. Lennon con su piel de bronce y Humberto con su capa de agua gris. Los días de lluvia se mojan los dos, hombre y estatua. El mes pasado el cuidador se fabricó una protección con cartones para poder vigilar a Lennon cuando llueve, pero una vez más desaparecieron los espejuelos. Quizá Humberto se durmió un tantito[30], porque ya está muy viejo. Viejo y también enojado. Si sigue así, le van a botar del trabajo. Y este *job* le gusta mucho. Cuando era joven, trabajaba de plomero[31] y siempre andaba con las manos en aguas sucias. Ahora ve cómo la gente le trae flores a Lennon y algunos vienen con guitarras y hasta cantan sus canciones. Lo peor es cuando viene algún viejo cubano a decirle al cantante que por tener sus discos lo botaron de la Universidad cuando estudiaba, en los primeros años de la Revolución, y le fastidiaron la vida. Pero Humberto gana ahora mucho más dinero que con su pequeña pensión. Las guaguas de turistas con sus propinas[32] en *cucs*[33] lo han convertido en otro hombre. Ahora ya tiene una silla de tijera como los directores de cine y algunos turistas le regalan camisetas y gorras de las grandes ligas de peloteros[34]. Ya tiene toda una colección.

Y además, mientras cuida la estatua y los espejuelos del cantante, Humberto puede pensar. Puede pensar y recordar tantas cosas. Puede recordar, por ejemplo, todas las despedidas, tantas despedidas. Casi todos sus amigos de infancia y de juventud, muchos de sus familiares, hermanas, cuñados, primos, primas, tías y tíos, algún sobrino, y también compañeros y compañeras de estudios, se fueron a vivir a España, a Inglaterra, a Canadá, y sobre todo al Norte, a Estados Unidos. Y muchos ya están muertos.

Ve que se acercan su nieto y su hija. Y de repente Xavi grita:

—¡Los espejuelos! ¡Abuelito, otra vez robaron los espejuelos!

Pero Humberto sonríe con una sonrisa pícara[35], se mete la mano en el bolsillo del saco[36] y... saca los lentes metálicos del cantante. Se los enseña al niño, orgulloso.

—¡Ahora ya no se los roba nadie, *m'hijo*! Tremenda idea, ¿eh?

Un turista japonés se acerca a Humberto con una supercámara en la mano. El cuidador se levanta, se saca los espejuelos metálicos del bolsillo y se los pone, con mucho cuidado, a John Lennon. El japonés sonríe, feliz, tira varias fotos, saca unas monedas de su mochila y se las da a Humberto, que le sonríe igualmente.

—*Arigato*[37]!

Xavi y su mamá, desde su puesto de observación, abren los ojos como platos. Humberto se pone un dedo en los labios y pide silencio:

—¡Chiiiiiiisst! *No comment!*

—Ay, papi, qué descarado. Mire, aunque no se lo merece, le trajimos este dulce de coco y un poquito de malanga[38] frita para el almuerzo. No se demore acá esta tarde, que hay mucha humedad. ¿Prometido?

Humberto no promete nada, toda una fila de turistas japoneses están tirando fotos del Lennon y los *cucs* van llenando sus bolsillos.

—Hasta luego, *m'hijita*. Nos vemos, Xavi. ¡Estoy desbordado de trabajo!

Por el camino a casa, de la mano de su mamá, Xavi va silabeando³⁹ las pintadas⁴⁰ de las paredes. Ya sabe leer casi de corrido⁴¹.

—PA-TRI-A-O-MU-ER-TE-VEN-CE-RE-MOS. ¿Contra quién "venceremos", mami?

—Luego te explico, mi amor.

—¿Y por qué "muerte", mami, quién se muere?

—Ay, *m'hijo*, qué preguntas tan... tan bobas que tú haces.

Pero Xavi continúa:

—VI-VA-FI-DEL... Este sí que lo entiendo, mami.

—¡Entra en casa de una vez, Xavi!

Y cierra el portal de golpe.

Capítulo 5

El domingo siguiente, Xavi viene al parque Lennon con su papá, cosa que no le gusta mucho, porque a veces le pide que empuje el carro de la hermanita mientras él juega a dominó[42] con los amigos. Cuando Yamilé se queda dormida, Xavi corre a los columpios solito, y extraña a su mamá o a su abuelito, porque siempre le empujan el columpio para que suba muy alto, sin cargar biberones, ni comentar las colas que ha tenido que hacer para comprar pañales[43] y un montón de problemas más, como hace siempre la mamá de Yamilé.

Pasa un mulato vendiendo juguetes lindísimos, fabricados a mano, con bicicletas hechas con alambres retorcidos, camioncitos hechos con latas de cerveza, casitas de bagazo de caña[44], preciosas figuras de papel maché.

—¡Ay, papi, qué lindo! ¡Cómprame una bicicleta chiquitica!

—Pero Xavi, todo eso son boberías para que los yumas se gasten los *cucs* aquí, *m'hijo*. Los cubanos no compramos esas cosas, son para turistas. Anda a jugar a los columpios con los muchachitos.

Xavi no va a los columpios. Tiene tremendas ganas de llorar. Seguro que con el abuelo no... Pero la voz aguda de dos señoras sentadas en el banco de enfrente interrumpe sus pensamientos:

—Qué linda que se ve La Habana desde mi azotea[45]. ¡Tienes que venir! Qué hermosa nuestra ciudad, Raquel.

–La más linda del Caribe, mi hermana.

–Y del mundo entero.

Las dos mujeres se marchan, sin parar de hablar y de gesticular.

Xavi mira a su alrededor: los árboles del parque, las ceibas y las palmas reales, los flamboyanes. Más allá, las casas antiguas del Vedado, el barrio más bello de La Habana, con su río Almendares.

–Papi, ¿es verdad que La Habana es la ciudad más bella del mundo?

–No lo sé. Quizá... Anda, apúrate, que se hace de noche.

Capítulo 6

Tremendo calor el de hoy. El cielo se está poniendo negro. El chofer del botero, un viejo Pontiac 56, ha gritado varias veces desde la parada:

—¡Malecón[46]! ¡Malecón! ¡Vamos, vamos!

Y en la cola hay empujones y prisas por entrar en el carro. Xavi sube con su mami y junto a ellos se sientan un señor gordísimo y una pareja con un niño. Pero el botero no arranca si no son ocho en el pasaje. Empieza a llover a mares[47].

Van muy apretados y se nota más el calor, aunque las cuatro ventanillas no tienen vidrio y empieza a entrar el agua. Entra otro pasajero, un muchacho joven con gorra de visera, y se sienta junto al botero. Ya llevan 15 minutos esperando, y como todos protestan, arranca con solo siete pasajeros.

—Seguro que viene una tormenta tropical.

—Normal —dice Lorena—. Estamos en la temporada de los ciclones. ¿Ya no se acuerdan del Michelle, con olas de seis metros?

—¿Y del Mitch? Estaba yo en New Orleans. Fue terrible —dice el señor gordo. Todos lo miran.

—Bueno... Yo es que vivo allá, en Estados Unidos. Estoy en La Habana para ver a la familia.

—Entonces, usted... —dice el muchacho de la gorra, y se vuelve para mirarlo.

–Sí, ya sé lo que están pensando. Que soy un "gusano[48]".
¿No es cierto?

–Por favor, compañero. No estamos pensando nada. Unos
están allá y otros estamos acá. La vida es así, y punto –dice la
mamá de Xavi.

–No es fácil –añade bajito la mamá del bebé.

–¡Mami, yo tengo una amiga que se llama Michelle, igual
que el ciclón!

–*Tá bien*[49], Xavi.

Algunos se ríen y la frase de Xavi rebaja la tensión dentro del
taxi. Todos se callan un rato y solo se oye la música reguetón[50]
del radiocasete del chofer, a todo volumen.

El botero se detiene en un semáforo y baja la pareja con el
bebé, después de pagar dos billetes de 10 pesos.

–Déjenos después de la verde[51], por favor –dice Lorena. Le
da veinte pesos al chofer y se despide.

–Muchas gracias, buen día a todos.

Y ya en la calle:

–Mami, ¿el compañero gordo paga también 10 pesos?

–Claro, mi amor. ¿Por qué me lo preguntas?

–Porque ocupa por lo menos tres asientos.

–Pero *m'hijito*, mira que tú dices tremendas cosas.

Ya no llueve, pero hay charcos en la calle y tienen que
caminar bastantes cuadras antes de llegar al Malecón, donde
se celebra un concierto gigante esta noche. Empieza con el
cañonazo en la Fortaleza de la Cabaña[52], que se oye en La
Habana todas las noches del año a las nueve. Y terminará...
terminará tal vez al amanecer.

Hoy es un día especial: 26 de julio, Día de la Rebeldía
Nacional. Y los cubanos están en la calle, están de fiesta. Se

celebra el Asalto al Cuartel Moncada en 1953, en Santiago de Cuba, en el este de la isla, que fue el primer acto contra la dictadura de Batista, el "primer acto" de la Revolución.

Hay mucha gente caminando hacia el lugar del concierto, que es gratuito, como muchas actividades artísticas y culturales en Cuba. Ya se oye la música, cada vez más cerca. El mar está agitado y salta por encima del muro. La orquesta ocupa un estrado muy grande, frente al mar, protegida de la lluvia por una gran cubierta. ¡Cuánta gente! En el programa están anunciados el gran cantautor cubano Silvio Rodríguez, el uruguayo Daniel Viglietti, la flautista cubana Niurka González, el grupo Illapu de Chile y el grupo ecuatoriano Pueblo Nuevo.

Sale la luna y el mar parece ahora más tranquilo. Xavi está feliz de poder estar en el Malecón a esas horas de la noche en que normalmente tiene que dormir, feliz de poder compartir la fiesta con tantos habaneros y con gente de otros países. Ahora canta Ricardo Flecha, que es paraguayo, pero Xavi, aunque se concentra mucho, no comprende nada.

–¿Qué dice, mami? No lo entiendo.

–Normal, *m'hijito*. Está cantando en guaraní, una lengua indígena, que todos hablan en su país, Paraguay.

Después, dos argentinos suben al estrado y empiezan a cantar:

> *Salgo a caminar*
> *por la cintura cósmica del Sur.*
> *Piso en la región*
> *más vegetal del viento y de la luz.*
> *Siento al caminar*
> *toda la piel de América en mi piel.*
> *Y anda en mi sangre un río*

que libera en mi voz su caudal.
Todas las voces todas.
Todas las manos todas.
Toda la sangre puede ser canción en el viento.
Canta conmigo, canta,
hermano americano,
libera tu esperanza
con un grito en la voz.

—Estos sí cantan en español. Me cuadra[53] un montón esta canción, mami.

—La tenemos en casa, en un CD, cantada por Mercedes Sosa.

Lorena ve al grupo de amigos que la están esperando muy cerca del estrado, para asistir al concierto juntos y tomar unos mojitos[54] después en La Habana Vieja.

—¡Este es tu Xavi! ¡Qué grandote está ya, y qué lindo!

Xavi ve que hay niños bailando, más chicos que él, y le dice a Lorena:

—¿Bailamos, mami?

Todo el grupo de Lorena se pone a bailar alrededor de Xavi, que da vueltas y se ríe. Le encanta bailar.

Un amigo de su mamá le trae un pomo[55] con jugo de mango. Qué rico. Hace calor y Xavi tiene mucha sed. Mira a la gente que baila y baila. Y de repente...

—¡Michelle! ¡Mami, mami, es mi amiga Michelle!

Y Michelle también corre hacia él, arrastrando a su mamá con ella.

—¡Es mi amigo Xavi, el del otro viaje, el del parque Lennon! ¿Te acuerdas?

Las dos madres se miran, sonrientes y sorprendidas.

La mamá de Michelle se llama Belén y es española. Tiene el cabello rojo como su hija, los ojos azules, largas pestañas y unos dientes muy blancos. Lleva una gran cámara de vídeo en las manos y la acompaña un muchacho con un micrófono largo y alto, para grabar el sonido.

—Mi mamá está haciendo un documental para la televisión. Por eso hemos venido otra vez a La Habana.

—¡Aaaaaaah!

La admiración de Xavi por Michelle no tiene límites.

—¿Has leído *Manolito Gafotas*?

—Dos veces ya. Este año ya leo de corrido ¿sabes?

—¿Y te gustó?

—"Mola mucho, es muy chulo"[56], como dice siempre Manolito. ¿Ustedes hablan así en España, verdad?

—Pues claro, todo el día —dice Michelle riendo.

—Además, Manolito tiene un abuelo igual que el mío y los dos se escapan, como mi abuelito y yo, y su mami se enoja, igual que la mía.

Lorena saluda a Belén y al técnico de sonido, que se llama Iñaki.

—¿Así que esta es tu gran amiga Michelle? —pregunta Lorena a Xavi.

—Y este es el gran Xavi, tu amiguito cubano ¿verdad? —pregunta Belén a Michelle.

—Y tú eres su madre, ¿verdad? —le dice a Lorena y se dan un beso.

—Sí, soy su mamá. ¿Es verdad que están haciendo un reportaje?

—Exacto, trabajo para La Sexta, un canal español de televisión, y estoy haciendo un documental sobre la música en

las calles de La Habana. ¿Puedo filmar a Xavi bailando? Es increíble lo bien que baila.

Xavi no se lo puede creer.

—¿Voy a salir en la tele española?

—Pues claro. Y te haremos un regalo para darte las gracias.

—¡Uauuuuu!

—A ver, ¿qué regalo te gustaría?

A Xavi le da vueltas la cabeza. Hay tantas cosas... Una bicicleta, unos patines, un bate para jugar a pelota...

—¡Una camiseta del *Barça*!

–Eso está hecho, Xavi. ¡Prometido!

Y los dos niños se ponen a bailar el reguetón que está tocando ahora la banda, mezclados con los adultos. Belén filma. Cuando ya no pueden más, Iñaki les trae unos helados de fresa y se sientan en el muro del Malecón.

–¿Y dónde tú vives ahora? –pregunta Xavi.

–En el Vedado. Hemos alquilado el mismo departamento de la otra vez, cerquita del parque Lennon. Y esta vez, como estamos en vacaciones de verano, nos quedamos todo un mes. Hemos pasado por el parque esta tarde y... Ha pasado algo muy terrible. Al viejito que cuida a Lennon le quitaron otra vez las gafas.

–¿Qué?

–Sí, las gafas, los espejuelos. Y estaba tan triste el pobre viejo que casi lloraba.

–¡Nooooooo! –grita Xavi– ¡Mami, mami, al abuelo le robaron otra vez los espejuelos!

–¡Anda! ¿De verdad que es tu abuelo? ¡Mami, el cuidador de Lennon es el abuelo de Xavi!

Capítulo 7

Pobre abuelo, se siente responsable de los espejuelos y no comprende quién se los robó. Estaban en el bolsillo de su saco, como siempre. Es verdad que a veces se queda un tantito dormido, pensando en sus cosas, son tantas horas seguidas... ¿Quién se los ha llevado? ¿Y para qué? Su trabajo ya no tiene sentido, lo van a botar, seguro. Y ahora que Xavi está en el segundo año y no puede faltar a clase, ¿qué hará él todo el día solo por La Habana?

–Tranquilo, viejito, tranquilo. Duérmete, duérmete, que te hará bien.

Una infusión de hierbas medicinales hace su efecto y el abuelo se duerme profundamente.

Al día siguiente, un pequeño grupo atraviesa la ciudad en dirección a Centro Habana: Lorena con Xavi, Belén con Michelle, e Iñaki con los aparatos para filmar. Caminan en silencio, preocupados, tristes, buscando una solución al problema de Humberto.

Lorena conoce a una vieja santera[57], Cachita, que le ayudó cuando se separó del papá de Xavi y la pasó muy mal unos meses. Llaman a una puerta, y desde el balcón del segundo piso un hombre les grita:

–¡La Cachita ya no vive acá, se marchó a Regla, a casa de su hermano!

Llegan al muelle y toman un barquito que cruza la bahía hasta llegar a la costa de Regla. Regla es la ciudad de la santería. Entran en la enorme iglesia donde está la Virgen.

—¡Mami, Yemayá es negra y su niño es blanco! —grita Xavi.

—¿Y quién es Yemayá? —pregunta Michelle.

—¡La Virgen de Regla!

—No entiendo nada.

—En Cuba —explica Lorena— todos los santos y vírgenes tienen un nombre católico y otro africano. La Virgen de la Caridad del Cobre es Ochún, la diosa del amor, la sexualidad y el oro; Yemayá, o sea, la Virgen de Regla, es la diosa de la maternidad y del mar; San Lázaro es Babalú Ayé, y es el más popular de todos.

—¿Cómo se escribe Yemayá? —pregunta Iñaki.

—Ye, e, eme, a, ye, a.

—¿Y Ochún?

—O, ce, hache, u, ene. ¡Ochún!

—Qué guapísima es vuestra Virgen de Regla —exclama Belén—. Voy a pedir permiso para filmarla.

Entran después en la casa de Cachita, la santera. Huele a hierbas misteriosas y hay un altar en la sala dedicado a Santa Bárbara, que es Changó, el dios de las tormentas, y a los *orishas*[58]. Hay platicos con comidas muy especiales, las preferidas de Changó; y también pétalos de flores, plantas, fotografías de personas, plumas de pájaros y... caracoles marinos, muchos caracoles.

Xavi y Michelle lo miran todo desde un rincón de la sala, fascinados. Cachita escucha el problema de Humberto, que le está contando Lorena, y coge diez caracoles con su mano derecha. Dice unas palabras en lengua yoruba[59] y los tira al suelo con fuerza. Los caracoles forman un dibujo que ella debe interpretar.

Solamente dice:

—Veo pájaros en el cielo.

Salen todos de la sala y el hermano de Cachita, de piel muy oscura, como ella, les vende unos collares especiales: uno rojo, uno morado, uno azul y dos blancos.

—Son para el señor Humberto. Tiene que llevarlos noche y día durante dos meses. Y mañana tienen que traerme un *cake* y ahorita me dan 30 dólares para el gallo.

—¿Para el gallo?

—Hay que sacrificar un gallo y ofrecer su sangre a los *orishas*.

—Pobrecito gallo, no quiero que maten a un gallo —exclama Michelle.

El hombre la mira muy serio y la niña se calla. Belén busca el dinero en su billetera.

—¿Puedo pagar en euros? No tengo dólares.

—*No problem*. Son 40, compañera.

Ya en la calle, Lorena le dice:

—No sé cómo darte las gracias, eres muy generosa.

—No es nada. Además, lo he grabado todo aquí, para mi película —y Belén señala la cámara escondida.

—¡Ay, qué malas son ustedes, las galleguitas[60]!

—Yo no quiero que maten al gallo —dice otra vez Michelle.

—Ni yo tampoco —añade Xavi.

—Pues nada, muchachos, nos olvidamos del gallo y de los santeros. Y además, nos vamos a Coppelia a comer helados. ¡Les invito a todos! —propone Lorena.

—¡Qué guay[61]! —grita Michelle.

—¡Qué guay! —grita Xavi, imitándola.

Y justo en ese momento, antes de marcharse de Regla, se oye una alegre música de tambores y cornetas y, de vez en cuando, también un silbato.

—¡Son los Guaracheros de Regla! —grita Lorena muy excitada—. Es una comparsa[62] maravillosa. Más de 100 bailarines blancos, negros y mulatos, que se reúnen todos los martes aquí, en Regla, y se preparan sobre todo para los carnavales. Viajan por el mundo entero y a veces se los puede ver aquí, en la calle. Son fabulosos.

La música, alegre y rítmica, se va acercando. Belén e Iñaki se miran y empiezan a preparar su material. Lorena les explica que son un grupo de mucha tradición, los jóvenes bailarines bailan con paso de conga, y el director da las órdenes con un silbato. Para entrar en el grupo hay que ser muy disciplinado, responsable, buen estudiante o buen trabajador, no entra cualquiera.

Capítulo 8

Coppelia, el templo de los helados en La Habana, la mejor heladería del Caribe, está situada en la esquina de las calles 23 y L[63], enfrente del cine Yara y al lado del famoso hotel Habana Libre. Pero...

—Escúchenme bien —dice Lorena—. En Coppelia hay dos sistemas: los extranjeros deben pagar en *cucs* y no tienen que esperar, pero los nacionales pagamos en pesos cubanos, mucho más barato, claro, pero a veces hay colas muy largas y hay que esperar mucho tiempo. Como soy yo la que invita, vamos Xavi y yo a buscar los helados y pagamos en pesos, y ustedes, los yumas, nos esperan invisibles por aquí, en un banquito del parque. ¿O.K.? ¡No pueden acompañarnos! Y por favor... ¡No me pongan esa cara! Cuba es así... No es fácil... A ver, ¿qué sabores les traemos?

—¡Guayaba para mí! —dice Iñaki.

—Y para mí, mango —dice Belén.

—Pues yo... ¡fresa! —pide Michelle.

—¡Para mí chocolate! —pide Xavi. Y se acerca a Coppelia con su mamá, mientras los demás se alejan discretamente para no ser vistos por los vigilantes.

Regresan Xavi y Lorena con las manos llenas de helados. Como hace calor, tienen que darse prisa. Pero son tan ricos los helados de Coppelia que desaparecen rápidamente. Xavi y Michelle tienen la boca roja y marrón, porque han compartido sus helados.

—¿Se acuerdan ustedes de la película *Fresa y chocolate*? —pregunta Lorena.

—Cómo no, qué maravilla de película. Qué grande Titón Gutiérrez Alea[64] —contesta Iñaki.

—La rodaron acá, en el jardín de la heladería. En aquella mesa estaban sentados Jorge Perugorría y Vladimir Cruz, en la primera escena. ¿Recuerdan? Les voy a contar una cosa: tengo una amiga, tremenda arquitecta, que hizo unos trabajitos para Vladimir Cruz en su casa, y cuando el actor le quiso pagar, ella dijo que no, pero él quería hacerle un regalo muy especial. Y entonces ella le pidió:

—Ven a mi calle y grita delante de la puerta de mi casa: "¡Vengo a visitar a Blanca, que es mi amiga!" Y así lo hizo. Un día Vladimir Cruz, el bello y famoso actor, con Jorge Perugorría y todo el equipo de *Fresa y Chocolate*, se presentó delante de su casa y gritó: "¡Vengo a visitar a Blanca, que es mi amiga, además de ser la mujer más bella de La Habana!"

—¡Qué historia tan divertida! —exclama Iñaki.

En ese momento sale de Coppelia un hombre alto y con barba, comiendo un helado, que se dirige a Belén.

—¡Pero bueno, Belén! ¿Qué haces tú en La Habana?

—¡Hombre, Pablo, qué sorpresa! Yo, haciendo un documental, como siempre. ¿Y tú qué haces aquí? ¡Ay, perdonad! Es Pablo, un compañero de trabajo de mi marido, en Valencia. Es zoólogo y sabe mucho de pájaros. Esta es una amiga cubana, Lorena, con su hijo Xavi. A Iñaki ya lo conoces ¿verdad?

—Claro, y a Michelle también ¡Qué alta está!

—Cuéntame qué haces aquí.

—Pues lo mío de siempre, los pájaros, he venido a un tema de aclimatación de especies europeas, no autóctonas en la isla. Estoy trabajando en un parque del Vedado, en un intercambio con la Universidad de La Habana.

—Qué bien.

Hablan un poco más y se despiden.

—Nos llamamos al llegar a Valencia, ¿vale? Un abrazo a Quique y suerte con el documental.

—A ti también con la investigación.

—¡Hasta lueguito! le dicen los cubanos.

Capítulo 9

Lorena invita a sus nuevos amigos a comer en su casa. Terminan con un café cubano y una copita de ron para los mayores. Lorena abre la botella y, ante la sorpresa de todos, echa unas gotas de ron en el suelo.

—¿Qué haces? —grita Iñaki— ¡Es un ron buenísimo!

—Acá lo hacemos así. Es... *p'al santo*. Para los santos *orishas*, claro. Así están contentos.

Xavi le enseña su cuarto a Michelle. Tiene muchos libros de cuentos, cochecitos, un camión de plástico, pósters de peloteros y en la pared, encima de su cama, hay otro póster con la fotografía de un niño.

—¿Es un amigo tuyo?

—¿Qué tú dices? ¿No lo conoces? ¿Ustedes no conocen a Eliancito en España?

—¿Eliancito?

—Elián González es el niño héroe de Cuba, nuestro balserito[65]. Ahora ya tiene casi 20 años, pero lo encontraron dos pescadores estadounidenses, cuando tenía seis añitos, flotando en la cámara de un neumático.

—¿Solito en medio del mar?

—Sí. Fue el Día de Acción de Gracias, el *Thanksgiving Day* de los *yankis*[66], dicen que fue un milagro.

—¡Pero qué horrible, solito en medio del mar! ¿Y sus padres?

—Su mamá se fugó de Cuba con él, en una balsa, porque tenía familia en Miami. Su papá se quedó aquí, estaban divorciados y él no sabía nada de eso. Y la mamá se ahogó en el mar. Cuando lo encontraron, Eliancito estaba rodeado de delfines que lo protegían.

—¡No me lo puedo creer!

—Te lo juro. Mira las fotografías —y le enseña un álbum lleno de fotos del balserito cubano.

—¿Y cómo vino a Cuba después de todo eso?

—Su papá lo reclamó, pero los gringos no querían dejarlo salir de allá. Y fue como una guerra, hasta que los jueces dijeron que tenía que volver acá, porque si no, guerra total. Y todos los días manifestaciones en la calle, con Fidel y todo, y allá en Miami, los policías lo tuvieron que sacar de la casa de su familia a la fuerza.

—Pobre niño. ¿Y ahora dónde está?

—Acá. Estudia para militar, para defender la Revolución y para que los imperialistas no invadan Cuba.

—¿Quiénes son los imperialistas?

—Pues los americanos. Los del bloqueo[67]. ¿Tú no sabes?

—El bloqueo...

Entran Belén, Iñaki y Lorena.

—¿Pero de qué están hablando ustedes ahora, nada menos que del bloqueo? ¡Sólo faltaba eso! Prepárense, que vamos a ver cómo está el abuelito.

Capítulo 10

Y de nuevo las hermosas calles de La Habana. La plaza de la Revolución, inmensa, con la imagen mural de Ernesto Ché Guevara, impresionante y gigantesca; la plaza de la Catedral, con la estatua del bailarín Antonio Gades, que tanto amó a Cuba y que quiso morir en la isla, apoyado en una columna de los soportales; la plaza de San Francisco, con su preciosa iglesia y su fuente de los leones, mirando al puerto; la plaza Vieja, la primera planificación urbana de los españoles en América, con su mezcla de barroco y de *art nouveau*.

Hay tantas cosas que ver en La Habana que hay que caminar y caminar, mirarlo todo despacio, admirarlo. Pero los niños están cansados y van a la parada de boteros.

—Ustedes no hablan. ¿O.K.? Que si el compañero chofer les oye hablar y comprende que son gallegos, nos hace pagar en *cucs*.

—Pero, mami, ¿por qué... por qué si nos oye...?

—Luego te cuento, Michelle, te lo prometo, esta noche te cuento.

Y entran todos en el carro, Xavi con un dedo en los labios, mirando a Michelle, muerto de risa.

Cerca del Parque Lennon se separan. Los españoles siguen hacia su departamento, para descansar después de un día tan intenso, y Lorena y Xavi se dirigen al banco de Lennon, para recoger al abuelo y volver con él a casa.

Hay un músico tocando la guitarra cerca del banco y de la estatua, y Olegario, el viejo amigo del abuelo está vendiendo a los turistas discos usados de los Beatles a dos *cucs*. Algunos los compran y se van tan contentos. Olegario también está contento. Pero Humberto, sentado en su silla de director de cine, está triste y silencioso. Xavi corre a darle un beso y Olegario le dice:

—No habla, ni come, ni fuma... No dice nada el viejo. Solo piensa en sus espejuelos. ¿Y si se vuelve loco?

—Papi, mi amor, vamos para casa, que se hace tarde —dice Lorena.

Humberto no contesta. Olegario, que es muy charlatán[68], empieza a contarles una historia:

—Todo el día tuvieron el parque cerrado, porque unos biólogos españoles, orni..., ormi, ¿*ormiólogos*?

—Ornitólogos[69] —corrige Lorena.

—Eso, ornitólogos. Vinieron a trabajar con la Universidad de La Habana. Hace dos meses trajeron al parque unos pájaros negros con una cola blanquinegra muy larga, muy larga, nunca vi cosa igual. Un compañero me dijo que quieren introducir esa especie, porque acá en el Caribe no existe, y quieren adaptarlos. No sé qué nombre les dieron.

—¡Urracas! —dice Humberto.

—¡Ya despertó el viejo loco! ¿Y cómo te va, compadre?

—Mal, muy mal. No me dejaron entrar en el parque de mañanita, y ahora los gritos de esos estúpidos pájaros gallegos no me dejan descansar. ¡Estoy harto!

—Pues vamos para casa, abuelito. No te pongas bravo[70].

Y entre todos convencen a Humberto para dejar el parque e irse a la cama.

Capítulo 11

Al día siguiente, Lorena ha prometido a Iñaki enseñarle el Departamento de Tabacos en la empresa estatal donde ella trabaja.

—La trova[71] y la cultura del tabaco son dos formas de vida en Cuba —le dice Lorena—. El son es ya Patrimonio Cultural de la nación cubana, y ahora lo es también... el lector de tabaquería.

—¿Y eso qué es?

—Es un trabajo que no existe en ninguna otra parte y queremos que la Unesco lo inscriba en su lista de Patrimonio Intangible de la Humanidad.

—¿Qué me dices?

—Desde que se fabrican tabacos en Cuba, y mientras los tabaqueros (¡solo hombres!) fabrican los tabacos con sus manos, hay un lector, sentado en una silla en un lugar alto de la sala, que lee en voz alta novelas, cuentos, horóscopos, recetas de cocina, artículos de prensa... En los tiempos de la colonia se leían textos de autores españoles, después llegó la literatura europea: Shakespeare, Dostoievski, Zola... ¿Tú sabes por qué una marca de nuestros tabacos se llama Montecristo?

—Pues no, ni idea.

—Porque uno de los libros más leídos fue *El Conde de Montecristo*, del francés Alejandro Dumas.

—Increíble.

–Después vino el período soviético y se leyó mucha literatura rusa.

–¿Y ahora, qué se lee en las tabaquerías?

–Pues artículos de *Granma* y de *Juventud rebelde*, pero también buena literatura, no creas.

–Los cubanos sois únicos.

–Bueno, la idea del lector fue de un obrero español de Asturias. Llegaron acá muchos asturianos a ganarse la vida, los inmigrantes de entonces. Se llamaba Saturnino Martínez y quería dar un poco de vida a las largas jornadas de trabajo.

–Genial. Qué historia más interesante. Oye, Lorena, hablando de literatura... quiero comprar algunos libros de autores cubanos ¿qué me aconsejas?

–Ay, *m'hijo*... Hay tantos y tan buenos. A ver... Leonardo Padura, Alejo Carpentier, Guillermo Cabrera Infante, Arturo Arango, que me encantan... Si te gusta la poesía, Dulce María Loynaz, que fue Premio Cervantes en tu país hace pocos años... Y, bueno, un clásico, Nicolás Guillén, y también Virgilio Piñera, y no hay que olvidar al enorme José Lezama Lima, tremendo escritor. Algunos se fueron y han muerto ya, pero se conocen bastante en Cuba, como Severo Sarduy, Jesús Díaz, Reinaldo Arenas... Y otros que viven fuera hace años, pero que publican en nuestras revistas y vienen a dar conferencias, como José Koser, Uva de Aragón... Unos se fueron, otros se quedaron... Así es nuestra vida. No es fácil.

–Me gusta hablar contigo, Lorena. Y me gustan tus ojos. Tienes unos ojos tan bonitos...

–Acá decimos lindos –dice Lorena riéndose.

–Pues eso, lindos, bonitos, preciosos. Me gustan, vamos.

–¡Gracias! –responde Lorena un poco sonrojada[72]–. Tenemos

que buscar a Belén y a Michelle, para visitar y filmar más cosas.

—¿Y dónde has dejado a Xavi?

—Esta semana está con su papá.

—¡Ah! ¿Y qué va a hacer Michelle sin Xavi?

—*No problem!* Ya se encontrarán, Iñaki, seguro que se encuentran.

Y tiene razón Lorena, porque Belén y su hija Michelle están atravesando en ese momento el parque Lennon para encontrarse con ellos, cuando Michelle grita:

—¡Mamá, mira a Xavi! Está allí, jugando al béisbol con otros dos niños y con un señor! ¿No lo ves?

—Debe de ser el papá de Xavi. Aquí se llama pelota a ese deporte, Michelle.

Madre e hija miran a los peloteros, que golpean la bola con un bate.

Xavi corre con su bate en la mano, es un bateador. Los otros niños corren, son corredores. Algunos, no todos, llevan un guante de cuero especial.

Todos gritan y corren, y Michelle no comprende nada.

—Qué deporte tan complicado. Prefiero el tenis o la escalada.

—Yo también, nunca comprendí el béisbol, en España no es muy conocido. Creo que viene de Estados Unidos y que se juega sobre todo en el Caribe.

—¿Y por qué gritan ahora? —pregunta Michelle.

Es verdad, los niños siguen gritando, pero ya no corren ni golpean la bola. Gritan y miran todos a lo alto de un árbol.

—No sé, vamos a acercarnos.

Los niños y el papá de Xavi están mirando hacia la copa del árbol, es un árbol muy extraño, con ramas que se entrecruzan y que forman algo parecido a cabañas.

—¡Está allá, allá arriba! ¡Al lado de la rama más grande!

—Es verdad, mami. La pelota está arriba del árbol, casi en la copa, ¿no la ves? La han lanzado hasta lo más alto, es increíble.

—¡Déjame subir a buscarla, papi, yo puedo, yo puedo! —grita Xavi.

—¿Qué tú dices, *m'hijo*? Tú no subes, que si tu mami se entera, me mata.

Entonces interviene Olegario, que es vecino de los otros niños:

—Pues Raulito y Fidelín tampoco suben, que su papá y su mamá me los encomendaron al irse al trabajo esta mañana. Si lo saben, se enojan.

Michelle suelta la mano de su madre y le dice.

—Subo yo, mamá. Es fácil.

Belén no parece preocuparse y la deja trepar, porque Michelle es muy ágil y además muy deportista. Todos los sábados, en Valencia, va a un curso de escalada en sala, y además es la que mejor escala de su grupo.

Michelle lleva un short vaquero y unas zapatillas de deporte muy flexibles. Empieza a trepar y todo el mundo, alrededor del árbol, la mira con admiración.

—¡Miren la galleguita, qué bien trepa!

Va subiendo, subiendo por el tronco, cambiando de rama, poniendo los pies en los lugares más seguros, y agarrando bien las ramas con las manos. Ya no la ven desde abajo. Está oculta entre las hojas y las ramas. Tarda mucho. ¿Qué estará haciendo? ¿Estará en peligro?

—¡Michelle! ¿Estás bien? —grita Belén.

Ella no contesta, pero ahora ya se ven sus largas piernas, su *short* azul, sus zapatillas blancas, su camiseta roja. Lleva la pelota en el bolsillo del *short*, pero esconde la mano izquierda detrás de la espalda... Algo lleva en esa mano, algo que brilla. Da un salto y pone los pies en el suelo. Todos corren hacia ella. Les muestra la pelota.

—¡Aquí está! ¿A que no sabéis qué llevo en la otra mano?

Hay un gran silencio. Humberto y Olegario, Xavi y sus amigos, el papá de Xavi, dos turistas japonesas, un jardinero, un guardián del parque, tres soldados que pasaban por allí, Belén, y hasta Lennon, sin sus *glasses* de miope, todos la miran sin decir una palabra.

—¡Mirad!

Enseña su mano y en ella hay tres pares de espejuelos.

—¡Los espejuelos de Lennon!

—¿Pero dónde encontraste eso? —pregunta su madre.

—¡En el nido de la urraca, mamá, en el nido de la urraca!

—¡No es posible!

—¡Es increíble!

—¡La urraca ladrona!

—¡La urraca gallega!

—¿Y dónde está esa urraca? ¡Hay que matarla!

—¡No, abuelito, no te pongas bravo, la urraca no es mala!

—Ay, don Humberto, el pobre pájaro no tiene la culpa. Las urracas se sienten atraídas por todo lo que brilla: las llaves, las joyas, las monedas, y... hasta los espejuelos. Y lo llevan todo a su nido después. Es así su vida, no es fácil —explica Belén, que conoce la vida de muchos animales, porque el papá de Michelle, su esposo, es biólogo. Y de pronto:

—¡Ahí viene, ahí viene, mírenla!

Blanca y negra, orgullosa, fantástica, impresionante, con un anillo en la pata, que sirve para reconocerla y poder estudiar su vida, vuelve la urraca a su nido.

—¡Uau! ¡Qué linda! —exclama Xavi.

—¡Qué grande! —grita Michelle.

—¡Y qué miedo, Virgencita de la Caridad del Cobre! —gritan Olegario y Humberto.

Y todos se alejan del árbol. Humberto con sus espejuelos en la mano, feliz. Desde el otro extremo del paseo, Belén ve a Lorena e Iñaki que pasean tranquilamente. Les grita:

—¡Michelle ha encontrado los espejuelos de Lennon! ¡Vamos todos a celebrarlo a un paladar!

—Mami —le dice Michelle bajito—, tú ya dices "espejuelos" en vez de "gafas".

—Pues claro, bonita, estamos en Cuba.

Capítulo 12

En el paladar hay un pianista negro que toca maravillosamente y todos reconocen enseguida ritmos de jazz famosos de Bebo Valdés, *Lágrimas negras, Calle 54, Bebo Rides Again*... Los cubanos se ponen tristes, porque Bebo murió hace poco tiempo, y aunque emigró por razones políticas, todos le conocen y le respetan. Su hijo, Chucho Valdés, también pianista, sigue su mismo camino. Y la música de Bebo el exiliado lleva la conversación al tema de la emigración, de la dificultad de viajar para los cubanos y también de los cambios positivos que están apareciendo en los últimos tiempos.

—¿Cuándo venís a vernos vosotros a España? —pregunta Belén— Creo que es más fácil ahora.

—Bueno. Es... menos difícil. Ya no necesitamos el permiso de salida, como antes, y podemos pedir el pasaporte, válido por dos años. Lo difícil ahora es conseguir la visa de otros países. No hay nada perfecto —explica Lorena.

—Pero hay todavía grupos de personas que sí necesitan autorización, los llamados talentos, importantes para el progreso de Cuba: médicos y personal sanitario sobre todo, atletas y deportistas —añade Humberto, que ha pedido una copa de vino español para celebrar la recuperación de los espejuelos—. A nosotros, los viejos pensionistas nos dejan salir de acá sin problema. Ya no somos interesantes y así no tienen que cuidarnos en la vejez.

—No diga eso, don Humberto. Usted es un trabajador que está haciendo un trabajo muy útil en el parque —le contesta Belén.

—Pero es que yo no me pienso ir, *m'hija*. Estoy muy bien en La Habana y acá me quedo. Me gusta mi trabajito lindo y mis partidas de dominó con los compañeros.

En un extremo de la mesa se sientan Michelle y Xavi, felices ante una pizza Napolitana, y en el otro extremo, Iñaki y Lorena saborean un delicioso arroz *congrí*[73].

—Lorena, tú no eres ni médica ni deportista de élite, ¿verdad que no?

—Pues no...

—Entonces, ¿cuándo pides el pasaporte para venir a Valencia? Tengo una casa grande y puedo alojaros a ti y a Xavi. Muy cerca del mar, en el Cabanyal, junto a la playa de la Malvarrosa, casi tan linda como vuestro Varadero.

—¡Dijiste linda!

—¡Pues claro, es que me encanta vuestra manera de hablar!

Desde el otro extremo de la mesa, Xavi grita, con la boca llena de pizza.

—¡Mami, Michelle me invita a su casa en Valencia!

Salen a las calles de La Habana, siempre llenas de gente. La Habana, que es casi una ciudad peatonal, porque hay muy poco tráfico, y los cubanos caminan larguísimas distancias o esperan largas horas el ómnibus. Belén piensa que el verbo esperar es tal vez el que mejor define la identidad de los cubanos. Belén, enamorada de las músicas de la isla, coge su cámara y filma la salida del grupo.

Se llevará a España la imagen de los dos niños que saltan en el viejo empedrado de la calle; la imagen de Iñaki y Lorena, que intercambian sus números de celulares y sus direcciones, sin saber todavía que se han enamorado el uno del otro; la imagen del viejo Humberto, obstinado en proteger los espejuelos de un joven músico británico que murió asesinado.

Sombras y luces, película en blanco y negro. La Habana.

Y por encima de ellos pasa una urraca.

Valencia/Abondance, enero de 2014

NOTAS EXPLICATIVAS

(1) **Miope.** Adjetivo que designa a la persona que ve mal de lejos. La enfermedad se llama "miopía".

(2) **Pioneros.** Los niños cubanos ingresan en el Movimiento de Pioneros al comenzar la Escuela Primaria. Este movimiento tiene un marcado carácter político y también semejanzas con el movimiento Scout.

(3) **Cuadrarse.** En el lenguaje militar, quedarse de pie inmóvil y con las piernas juntas. También se dice "ponerse firme".

(4) *M'hijo.* (por "mi hijo") Muy frecuente, en la lengua familiar

(5) **Flamboyanes.** Árbol que en el verano echa flores de color rojo anaranjado.

(6) *Hooligans.* (inglés) Personas que realizan actos vandálicos.

(7) **Jaba.** Bolsa, saco pequeño.

(8) **Vianda.** En Cuba, verduras, vegetales comestibles.

(9) **Contrarrevolucionarios.** Se da este nombre a los que piensan o actúan en contra de una revolución. En este caso, la Revolución Cubana, liderada por Fidel Castro, en 1959.

(10) *Imagine.* Título de una de las canciones más famosas de The Beatles, grupo al que perteneció John Lennon.

(11) **Chama.** Abreviación de "chamaco" (niño, muchacho).

(12) **Guayabera.** Chaquetilla o camisa masculina de tela ligera, que se lleva por fuera del pantalón.

(13) **Asere.** En Cuba, forma familiar de decir "amigo", "compañero".

(14) **Lugarcito.** Diminutivo de "lugar". En este caso, pequeño restaurante o cafetería.

(15) **Moros y cristianos.** Plato tradicional de la cocina cubana. Los frijoles y el arroz son sus principales ingredientes, de ahí su nombre, debido al color de estos.

(16) **Chévere.** En Latinoamérica, estupendo, genial.

(17) **Bolsa negra.** En Cuba, mercado ilegal donde se compran muchas mercancías que no están disponibles en los comercios.

(18) **Botero.** Taxi privado colectivo muy utilizado en las ciudades de Cuba para suplir el servicio deficiente de los autobuses). También se llama "botero" al conductor.

(19) **Chiringas.** (En Cuba) Cometas que vuelan en el cielo en días de viento, sujetas por una cuerda a la mano de una persona.

(20) **Maní.** En América Latina, cacahuetes.

(21) *Granma.* El más importante diario cubano, órgano del Comité Central del Partido Comunista de Cuba. Su nombre hace referencia al barco en que viajaron los guerrilleros Fidel Castro, Ernesto Ché Guevara y Camilo Cienfuegos a las costas orientales de Cuba en 1956, para luchar contra la dictadura.

(22) **Chompa.** En Cuba, prenda de vestir, equivalente a jersey o cazadora en España.

(23) **Manolito Gafotas.** Nombre del niño protagonista de una

serie de libros infantiles muy popular en España. Su autora es Elvira Lindo.

(24) **Vosotros/Ustedes.** En toda América Latina el pronombre "vosotros" ha sido remplazado por "ustedes". En España se utilizan los dos, con códigos bastante sutiles, aunque la oposición más general es la de situaciones formales/informales (confianza/respeto).

(25) **Yumas.** En el argot cubano se aplica a los extranjeros procedentes de EEUU, Canadá, Unión Europea y otros países occidentales, generalmente turistas. El equivalente en España es el término "guiri".

(26) *Barça.* Fútbol Club Barcelona.

(27) *Tele.* Diminutivo de televisión.

(28) *Michelle.* Es el título de una de las canciones más conocidas de los Beatles.

(29) **Guagua.** Nombre que se da a los autobuses en Cuba.

(30) **Un tantito.** Un poco.

(31) **Plomero**. Técnico que trabaja en las canalizaciones urbanas hidráulicas.

(32) **Propinas.** Gratificación con la que se recompensa un servicio.

(33) **CUC.** El peso cubano convertible (CUC) es una de las dos monedas oficiales, junto con el peso cubano. El dólar dejó de circular en Cuba en 2004 y fue sustituido por el CUC. El peso cubano no es convertible y un extranjero en Cuba puede utilizarlo en muy pocas ocasiones.

(34) **Peloteros.** Jugadores de beisbol ("pelota" en Cuba). Es el deporte nacional de la isla.

(35) **Pícaro/a.** Con astucia o habilidad que implica cierta malicia o travesura.

(36) **Saco.** Traje, prenda de vestir elegante.

(37) *Arigato.* Gracias, en japonés.

(38) **Malanga.** Tubérculo comestible.

(39) **Silabear.** Leer sílaba tras sílaba.

(40) **Pintadas.** Consignas o lemas que se pintan en las paredes y muros de la calle. Grafitis.

(41) **De corrido.** Leer de corrido es leer sin dificultad.

(42) **Dominó.** Juego de mesa que se hace con 28 fichas rectangulares divididas en dos cuadrados, cada uno de los cuales lleva marcados de uno a seis puntos o no lleva ninguno.

(43) **Pañales.** Protección higiénica para los bebés.

(44) **Bagazo de caña.** Restos de caña de azúcar.

(45) **Azotea.** Cubierta más o menos llana de un edificio.

(46) **Malecón.** Uno de los lugares más conocidos de La Habana, larga avenida de seis carriles que bordea el mar, y que une el barrio del Vedado con la Habana Vieja Colonial.

(47) **Llover a mares.** Lluvia violenta y abundante.

(48) **Gusano.** Los cubanos favorables al régimen llaman despectivamente "gusanos" a los que huyeron de la Revolución,

exiliándose en EEUU, generalmente en Miami, ciudad llamada por ellos, la Gusanera.

(49) **Tá bien.** (familiar) Abreviatura de "está bien".

(50) **Regetón.** Género musical muy popular en las islas caribeñas derivado del *reggae* jamaicano e influenciado por el *hip hop*.

(51) **La verde.** En este contexto, semáforo.

(52) **El Cañonazo de las 9.** La Fortaleza del Morro es uno de los lugares más emblemáticos de La Habana, la más grande construida por los españoles en América y destinada a defender la ciudad contra los ataques de los piratas. Se ha conservado la tradición de disparar todas las noches un cañonazo en el momento en que se cerraban las puertas de la Fortaleza de la Cabaña.

(53) **Me cuadra un montón.** Me gusta mucho.

(54) **Mojito.** Cóctel cubano hecho con ron, lima, azúcar moreno, hielo molido y hierbabuena.

(55) **Pomo.** Frasco o vaso pequeño de vidrio, cristal, porcelana o metal.

(56) **Mola mucho, es muy chulo.** Verbo y adjetivo muy empleados actualmente en la lengua coloquial en España que significa "me gusta mucho, es muy bonito".

(57) **Santero/a.** Persona que practica la santería, religión que fusiona el catolicismo con los cultos yorubas de los esclavos negros venidos de África (Nigeria). Estos esclavos dieron nombres de sus dioses a los santos y vírgenes aportados por los colonos españoles. Tiene raíces comunes con los rituales vudú y candomblé.

(58) ***Orishas.*** Antepasados muertos.

(59) **Yoruba.** Dialecto del África Occidental que se habla en Benín, Togo y en Nigeria, donde es una de las lenguas oficiales.

(60) **Galleguitas.** Diminutivo de "gallegas". En muchos países de Latinoamérica se llama "gallegos" a los españoles, debido a la gran migración de habitantes de esta región del noroeste de España, a lo largo del siglo xx, hacia el continente americano.

(61) **Guay.** Forma coloquial española para "genial", "estupendo".

(62) **Comparsa.** Grupo popular de músicos y bailarines.

(63) **23 y L.** Las calles de La Habana son denominadas con un curioso sistema de números y de letras. Esto ocurrió en el siglo xix, cuando se parcelaron algunos nuevos sectores, como El Vedado y El Carmelo. Pero las calles de la Habana Vieja siguen llevando sus nombres tradicionales.

(64) **Tomás *Titón* Gutiérrez Alea.** Uno de los más importantes directores de cine cubanos. Falleció en 1996.

(65) **Balsa, balsero, (balserito).** La balsa, embarcación frágil e improvisada, fue uno de los medios que utilizaron muchos cubanos descontentos con el régimen, para abandonar Cuba clandestinamente. Muchos murieron en el intento.

(66) **Yankis y gringos.** Términos despectivos para designar a los estadounidenses.

(67) **Bloqueo.** Situación de embargo económico, comercial y financiero impuesto a Cuba desde 1960 por Estados Unidos.

(68) **Charlatán.** Persona que habla mucho.

(69) **Ornitología.** Ciencia que estudia a los pájaros.

(70) **Ponerse bravo**. Enojarse, enfadarse.

(71) **Trova**. Expresión poético-musical cubana, con influencias del jazz y otras corrientes, muy arraigada en Santiago y en toda la isla.

(72) **Sonrojada**. Con las mejillas rojas a causa de un sentimiento de vergüenza.

(73) **Arroz *congrí***. Plato de origen haitiano. Los haitianos hablan un francés criollo y la palabra *congrí* es un compuesto de *kongo* (frijoles negros) y de *riz* ("arroz" en francés).

NOTA DE LA AUTORA: Quiero agradecer a la escritora cubana Uva de Aragón, miembro correspondiente de la Academia Norteamericana de la Lengua Española, su amabilidad, al haber llevado a cabo el asesoramiento y la revisión de ciertos aspectos lingüísticos y culturales del presente texto.

¿HAS COMPRENDIDO BIEN?

1. Responde a las siguientes preguntas en tu cuaderno.

a. ¿Puedes situar en un mapa la isla de Cuba?

b. Xavi viste "uniforme" para ir al colegio. ¿Qué significa eso?

c. ¿Qué relación familiar tienen Humberto y Xavi?

d. ¿Por qué Xavi se llama así?

e. ¿En qué trabaja Humberto?

f. ¿Dónde se encuentra la estatua de John Lennon?

g. ¿Por qué es conocido este artista?

h. ¿Siempre ha sido admirado en Cuba y se han escuchado sus canciones? ¿Por qué?

i. ¿Cuántos hermanos tiene Xavi?

j. ¿Qué relación familiar tienen Lorena y Xavi?

k. ¿En qué consiste el trabajo de Lorena?

l. ¿Puedes describirla físicamente?

m. ¿Quién es Michelle, en qué ciudad vive?

n. ¿Hablan el mismo español Michelle y Xavi?

ñ. ¿En qué trabaja Belén? ¿En qué país?

o. ¿Cómo se llama a los autobuses en La Habana?

p. ¿Cómo se llama el deporte nacional cubano? ¿Lo conoces? ¿Se juega en tu país?

q. ¿Qué conoces de la música cubana después de esta lectura?

r. ¿Qué extraña costumbre tienen las urracas?

s. ¿Conoces otros nombres de pájaros en español?

t. ¿En qué país hispanohablante es lengua oficial el guaraní?

v. ¿Qué has comprendido de la historia del niño cubano Eliancito?
Puedes buscar información complementaria en internet.

2. Vocabulario:

a. Busca al menos cinco palabras del libro relacionadas con cada uno de los temas de este cuadro.

○ Ropa

○ Cuerpo humano

○ Clima

○ Música

b. Señala en esta lista con una cruz las palabras relacionadas con la comida.

☐ malanga   ☐ maní
☐ frijoles   ☐ arroz
☐ mosquito   ☐ botero
☐ paladar   ☐ columpios
☐ helados   ☐ moros y cristianos
☐ chévere   ☐ guaraní

3. Escribe en tu cuaderno 10 frases cortas con todo lo que sabes ahora de Cuba.

4. Di si son verdaderas o falsas las siguientes frases.   V   F

a. Michelle y Xavi tienen la misma edad. ☐ ☐
b. Belén trabaja para una ONG. ☐ ☐
c. En Latinoamérica no se usa el pronombre "vosotros". ☐ ☐
d. Las urracas roban los objetos que brillan. ☐ ☐
e. Un "paladar" es un restaurante privado. ☐ ☐
f. Hay siempre una cantante de ópera cantando en las
tabaquerías mientras los empleados trabajan. ☐ ☐
g. Michelle le regala un libro a Humberto. ☐ ☐

5. Combina las tres columnas para formar frases verdaderas.

Xavi	vive	cubano.
Iñaki	está aprendiendo	de Lorena.
Eliancito	se enamora	a leer.
Michelle	cuida	los espejuelos.
Humberto	es un héroe	en Valencia.

6. Termina las frases siguientes.

a. Todas las mañanas, antes de empezar las clases, los niños
pioneros cubanos ....

b. Humberto está muy triste porque ....
....

c. El 26 de julio es fiesta nacional en Cuba, se celebra ....
....

d. Belén viaja por segunda vez a Cuba para ....
....

e. En la heladería Coppelia, solo los cubanos pueden ....
....

f. En las tabaquerías de Cuba hay siempre ....
....

g. Michelle encontró los espejuelos en ....
....

h. Los ingredientes del arroz *congrí* son ....
....

7. Coloca la preposición adecuada: con, de, **a,** sin, en, por **o**
para.

a. Belén y Michelle viajarán mañana .... España .... avión.
b. ¡Vengo .... visitar .... Blanca, que es mi amiga!
c. Una vez más, Lennon se queda .... espejuelos.
d. Aparece Iñaki .... un pomo .... jugo .... los niños.
e. Lorena también se está enamorando .... Iñaki.
f. Todas las mañanas Humberto y Xavi pasean .... el parque.
g. "Este libro es .... ti", le dice Michelle a Xavi.

8. Busca en el texto 5 verbos de infinitivo en -AR, **5 de infinitivo
en** -ER, **5 de infinitivo en** -IR **y 5 verbos irregulares.**

_____

_____

_____

_____

_____

9. Elige entre:

a. Ser/estar

1. Xavi .... más pequeño que Michelle.

2. La Habana .... en la isla de Cuba.

3. La Habana .... la capital de Cuba.

4. El papá de Michelle .... biólogo.

5. John Lennon .... sentado en un banco del parque.

6. Humberto y Olegario .... muy amigos.

7. Xavi .... aprendiendo a leer.

8. Los espejuelos .... en el nido de la urraca.

9. El portal de la casa de Leonardo .... cerrado.

10. Lorena, la mamá de Xavi, ... miope.

11. Humberto .... muy viejo y hoy .... muy cansado.

b. Hay/está/están

1. .... poco tráfico en La Habana.

2. .... mucha gente paseando por el Malecón.

3. Los turistas japoneses .... en el parque Lennon.

4. .... muchos turistas japoneses en el parque Lennon.

5. Las calles .... llenas de pintadas.

c. Gusta/gustan con sus pronombres correspondientes
(me, le, les, nos)

1. A Xavi .... el dulce de guayaba.

2. A Xavi y Michelle .... los helados.

3. A mí .... leer libros sobre Cuba.

4. A los cubanos .... el arroz con frijoles.

5. A todos nosotros .... las películas cubanas.

10. Haz una breve redacción, incluyendo al menos dos palabras de cada cuadro.

CUBA	REGLA	LA HABANA
REVOLUCIÓN	NO ES FÁCIL	REGUETÓN
MALECÓN	CHÉVERE	BAILAR
CANTAR	SANTERA	YUMAS

_____

_____

_____

_____

_____

_____

_____

_____

_____

11. ¿Cómo te imaginas a estos personajes secundarios? Descríbelos en tres líneas.

IÑAKI

_____

_____

_____

OLEGARIO

_____

_____

_____

PADRE DE XAVI

_____

_____

_____

CACHITA, LA SANTERA

_____

_____

_____

12. ¿Has estado alguna vez en un país latinoamericano? Escribe o cuenta a la clase todo lo que conozcas sobre sus costumbres, su comida, sus ciudades, su historia... Puedes informarte en internet.

13. Escribe o cuenta a un compañero la receta de un plato típico de América Latina o de España. Si no conoces ninguno, puedes informarte en internet.

¿Quieres leer más?

Dolores Soler-Espiauba
Guantanameras

CUBA

Serie América latina | Nivel A1-A2

Dolores Soler-Espiauba
Dos semanas con los ticos

COSTA RICA

Serie América Latina | Nivel A1-A2